REPUTACIONES DEL SOL

MANOLIS XEXAKIS

REPUTACIONES DEL SOL

Traducción
JOSÉ ANTONIO MORENO JURADO

EL ÁRBOL DE LA LUZ
61
ΤΟ ΦΩΤΟΔΕΝΤΡΟ

Padilla Libros Editores y Libreros
Sevilla 2024

C O L E C C I Ó N
P O É T I C A
D E   A U T O R E S   G R I E G O S
C O N T E M P O R Á N E O S
E L   Á R B O L   D E   L A   L U Z
Τ Ο   Φ Ω Τ Ο Δ Ε Ν Τ Ρ Ο
N.º 61

Título original: φήμες του ήλιου

© de los poemas: Manolis Xexadis

© de la traducción: José Antonio Moreno Jurado
© de la presente edición: Padilla Libros

ISBN: 978-84-8434-820-7

D. Legal: SE 1958-2024

1.ª impresión, agosto de 2024

Padilla Libros Editores y Libreros
C/ Trajano n.º 18
41002 Sevilla (España)
editorial@padillalibros.com

POEMAS INÉDITOS
(2015-2022)

PUESTO DE GUARDIA DEL FIN

Cada vida es un hermoso adorno,
cristal que nació
soberbio para la madre tierra.

Algún día llega a su cenit.
Algún día baja la ladera.
Algún día está en el puesto de guardia del fin.

DOLOR

«*Compañera mía*», dijo un dolor a la cadera
y la abrazó apretadamente.
«*A una piedra dices eso, ridículo*»,
le murmuró, aunque
el entumecimiento subía al andar,
pierna, por detrás y otra vez.

CASTA DIVA

¡Pura diosa de la inspiración, ayuda!
Me abaten las humedades del caos.
En otro tiempo emergía de mi mente sin prisa
la materia desposada en orden correcto,
    las palabras

PARÍS, ESTADIO BATACLAN,
14-11-2015

En un parque, en bulevar Osmán,
comíamos pipas en un banco
con la muerte.

Pasó un banquero de Europa
que ahora aconseja
a Venezuela y Egipto.
«Bon jour, Mathieu», dijo
la muerte.
El ilustre de asuntos económicos
continuó indiferente.

Pasó un dandi melancólico
del cava de la literatura,
el sabueso del tiempo perdido.
«Bon jour, Marcel», dijo
la muerte.
El viento nos arrastraba
como pensamientos y como hojas.

La muerte se levantó.
«Me ha salido trabajo», dijo,
«en el Estadio, en Bataclan».
Escupió cáscaras de pipas
de horror y se fue.

EL PENSAMIENTO

Los giros de alrededor giraban, suvlakis
se asaban en una plancha ardiente
de niño comía dulcecitos de sirope
los viejos balaban
en nuestro Parque Nacional pacíficamente
comunismos y diferentes –ismos
ondeaban pancartas de «Libertad» y los
    jóvenes
teñían con pintura negra y roja
las superficies de estatuas antiguas.

Hicimos llegar a Grecia a su fin,
nuestros antepasados descubrieron el
    pensamiento
y nosotros lo abolimos.

ERROL LESLIE FLYNN

Errol Flynn fue un gran amante en nuestra
    fantasía.
Sin embargo Havilland no aceptó que tuvieran
    un idilio
y Bette Davis lo abofeteó
en un mal momento de los rodajes.
Él mismo se mostró descendiente de los
    rebeldes
del barco Bounti, aunque era australiano
y con antepasados crueles condenados.

Entabló relación con una lavandera
que trabajaba en su colegio
y estuvo con ella en Inglaterra
desde donde pasó a la orilla contraria
y, como guapo, sedujo a América.

Rodó *Don Juan*, *Robin* y fue
incomparable como *Águila de los mares*.

Sólo que fue un incorregible bebedor.
Y estuvo hundido en esencias de drogas.

Sufrió del corazón, pasó la tuberculosis
y la malaria y un día entre tormentos
murió a los cincuenta años, el quizás mayor
     amante.

Y nosotros, muchos, estamos en los secretos
bosques que cubrieron su túnica nocturna.
En las oscuridades del subconsciente
tenemos un jarro con dulces, que baja
     continuamente
por nuestras ocultas visitas.
Sobrevivimos en un mundo apático,
     indiferente
e indoloro que admiramos
como soberbiamente fragmentado.

NOCHE MUY INSOSPECHADA

En el Castillo de Kronborg de la isla
Elsinor, vi el fantasma del rey,
padre de Hamlet, tirando carbones
a parrillas celestiales.
«Cuanto sucede en nuestras vidas
es difícil», le dije.
«Resistamos», respondió
y se perdió entre las nubes.

Noche profunda y muy insospechada,
nos harás desaparecer a todos.

PALABRAS, PALABRAS, PALABRAS

Todo es agujas de pino de soledad y miedos
y promesas de gobernantes combativos.
43 a.C., soberano en Roma
el cónsul Antonio.
Cicerón corre para irse, para salvarse,
para dedicarse a la escritura.
Lo protegieron los soldados de Antonio.
Sacaba la cabeza fuera de la camilla
sobre la que lo llevaban los acompañantes.
Cedo sitio al asesino, pensó quizás,
para que me la corte anodinamente con la
    espada.
No sospechó que le cortarían también las
    manos
que llevaron con su cabeza al cónsul.
Los tiranos mueren,
la tiranía vive.

HÍPASO DE METAPONTIO

Los pitagóricos, con números enteros
y fracciones, resolvían
los problemas matemáticos.
Hípaso de Metapontio,
que era su compañero,
pidió que con estos números
calcularan la diagonal
en un cuadrado
cuyo lado tuviese 1 de largo.
¡Catástrofe! El resultado
no era números enteros ni fracción.

Aunque sabios, se irritaron.
Se cuenta que lo ahogaron
en el mar y silenciaron
su descubrimiento.
¿Cómo añadir al pueblo
otra ambigüedad?

En cada época, se combaten las enfermedades,
se pierde en guerras,
en desastres naturales.

BARCOS DE REYES

Barcos de reyes de la tercera edad,
la capitanía es difícil en nuestros años,
navegad «cabalgando las olas»
en cualquier barquito que os regale
    la naturaleza,
no visitéis vuestros recuerdos,
acostad en otro sitio por las noches
vuestros secretos, «detened» definitivamente
la pequeña hélice de la desesperación,
ataraxia, futuro y sueños,
timón, en el medio, máquinas en lentitud.
Tened siempre abierto «el libro
de las primaveras y los otoños».

EMILY DICKINSON

«Soy cualquiera. ¿Quién eres tú? /
¿Quizás cualquiera tú también? / ¡Entonces
somos dos! / No lo digas al azar. / Lo
     propagarán, lo sabes, /
qué fastidio ser Alguien /
Qué común, como rana /
dices tu nombre todo el verano /
en un lodo que te aclama»,

por eso os veo, Emily, como barco nocturno
en medio de mares turbulentos,
en la cima de los miedos, en la altura de
     mudos sollozos
encargando palabras por las noches
y esperando hasta el amanecer
que las traigan
los distribuidores de sollozos.
Le envío mi amor.

LAS LLAVES

Madre, lo sé, llaves
de la casa paterna
encontraré en la raíz del granado
de nuestro jardín destruido
sin embargo con ellas ni tiemblan
ni abren hojas del recuerdo.

ORIENTE MEDIO

Perdón, príncipe,
mi Alejandro Mavrokordatos,
ahora no me preocupo
por tu ambigua participación
en lo «griego» tras
el Levantamiento de 1821.

Me ocupa el desmedido desarrollo
en altura que sobrepasa edificios
de la Washingtonia
de una calle de Tesalónica
que lleva tu nombre.

Se parece a los que producen
dátiles reales
en el arenal salvajemente disputado
en el Oriente Medio siempre perturbado.

LAS PLANTAS DE LA VIDA

Cayó una anciana en la entrada
y la levantamos.
Abrigo encima de la bata,
¿a dónde iba?
Vive en el tercero, dijo uno,
la subimos al tercero.
Esta no es mi casa,
era su casa.
Quiero un calentador, tengo frío,
no tenía.

La vida no tiene plantas, abuela,
ni, con frecuencia, un calentador,
únicamente abismos
inevitables de la edad.

LILY PAPAYANNI

El chef Leyteris, en televisión,
llenaba con carne picada ahumada
de calamares asados
y los colocaba derechos
en pinceladas de chocolate disuelto,
cuando de improviso anunciaron
la muerte de Lily Papayanni,
la excelente actriz griega
en papeles de cortesía ciudadana,
símbolo de concisa elegancia
y belleza.

Somos barcos de altamar.
Nos someten la muerte,
mares enfurecidos, llamas.

STÉPHAN MALLARMÉ

Muchos años a ti, Mallarmé
y a tus valiosas palabras.

Las querías indómitas,
con morros levantados
y tiernas como plumas
puesto que estaban destinadas a versos.

El tiempo es continuo,
intocable para los humanos,
presente y pasado se unen
con el futuro en las palabras.

Stéphan, saboreas la lengua
y los zumos de los conceptos
pero no confías
en la primera fiebre
consultando a Aristóteles
sobre tus correctas teselas,
sobre sus sitios.

EJERCICIOS DE MATEMÁTICAS
(1980)

PRIMER EJERCICIO

Desconocida x que faltas de este sistema
que faltas de mi alma
haz que escape a las colinas de los números
los años que pasan me arrugan
la noche viste mi amada túnica
de oscuridad.

TERCER EJERCICIO

¡Ven, triángulo isósceles,
ven a mi forma!

Te busco durante horas,
he llevado líneas rectas por doquier
de forma que la superficie de la lógica
ya no ve
en el horizonte de lo concreto.

EJERCICIO SEXTO

Pequeña novia mía,
brújula y ortocentro y flor de limonero,
quiero dormir
con mi mágico deseo blanquísimo
de tu dulce cuerpo
y no ser ya
azaroso cuadrilátero
roto en sus cuatro ángulos.

TEOREMA PRIMERO

Este círculo en el que vivimos
dividido en vencedores y vencidos
huele mal,

como ciénaga en vuestra casa
belleza en manos equivocadas.

APLICACIONES

1. En tu orden, tu pena, el infierno acecha
   afuera.
2. Tú, muchacha mía, avanzas
   despreocupada en la lluvia,
   la niebla del puerto
   tiñe tus zapatos,
   todos tenemos hambre.
3. Combatientes avanzaron
   a una pausa oscura de sentimientos
   vistiendo zapatos de melancolía.

PROBLEMA SEGUNDO

Un jinete que recorre 12,5 quilómetros a la
    hora,
persigue sin parar a un caminante
que lleva siglos andando.

¿Cuándo lo alcanzará
y a qué distancia del punto
de partida lo asesinará?

TEOREMA SEGUNDO

Desperté al alba con la cabeza rota,
fragmentada en negros soles
y pensé
cómo me tiranizo,
que estoy muerto y con pañuelo en la
    mandíbula
y cómo temen mis dominadas
en este pozo oscuro.

Hombrecillo, amigo,
con el mandil de la desesperación, amigo,
siempre existe en ti una cárcel
que nunca sabes abrir
y qué desgraciados
y ciegos hijos tuyos
salen al aire limpio.

APLICACIÓN

Oscuridad, lodazal y únicas luces
las comunas de la calma en el campamento.
Llovía y pensaba
en los misterios militares
y tomé la cuesta hacia los puestos
para cambiar al guardia,
enloqueció el mono el gran chopo,
en los canales del aire
me encontré yo también y me dejaba llevar,
fui a coger del barro mi sombrero
y al agacharme
sentí
las arácnidas respiraciones de los muertos
que dispararán los pies de madera
del poder diario de las armas.

NAVEGACIONES ERÓTICAS
(1980)

LA CANCIÓN DE HELENA

2.
¿Recuerdas que te perdiste de tu túnica?
Al ojo de la noche, la luna llena,
entregaste tu desnudez.

Cuerpo de alabastro en la corriente de la luz
tormenta en la que anocheciste en paraje
desconocido, no temas.

Ven a tu caja, querido violín,
no toques hoy para nadie.

3.
Viniste otra vez ola a ola
con el calor plantado en tus moléculas
doblaste los árboles y secaste la tierra
tendiste el mar con dunas
que siguen y se pierden completamente
en lo hondo del horizonte, viento africano...

Viniste otra vez hoy y cogiste
el encuentro de Helena.

4.
Canto ahora
las paradas de los barcos en el océano.
Tomo y distingo las gaviotas
y las restantes aves marinas,
desnudo las mojadas superficies de los barcos,
capitanes y marineros, cuerpos y almas
hundidos en el salitre
y en el sentimiento del regreso.

Oh arpas de iones que transportáis piratas
en los barcos detenidos y repartís
las tripulaciones a los cinco océanos,
os canto.

LOS CAJONES DEL AYUNTAMIENTO

Se perderán mis papeles
de los cajones del Ayuntamiento
nadie sabrá quién soy
un niño distinguirá la paralítica
mano del amor en mi rostro
es el que ama a Helena
dirá.

NIEVE MARIPOSA

Comenzó a caer desde anoche
a las tres.
Caía nieve mariposa
y se cubrieron los árboles.

Me levanté y anduve
en corredores de nostalgia.
Volvía y desaparecía continuamente
como la blanca mañana nevada
tu imagen en mi cerebro.

ALLEGADOS DE LOS TIRANOS

Amado, tres veces agraciado aguacero
túnicas blancas de mis bodas
con el abismo,
tus heridas levantan mi féretro
al cielo y lo golpean las olas
con chapoteo en la oscuridad.

Excavo para ver mi rostro y
cae la gorra del amor al lago.
Por tres noches agonizan por cabalgar
caballos y alejarse nuestras almas.
Tus deseos son ola tranquila
que mama mis esperanzas,
no hay curvas y visiones donde agarrarme.
Detrás de ti, en el oscuro fondo desigual
encuentro enterrada la lógica del corsario.

Griega que trepa al arco iris,
todos somos allegados de los tiranos
que gobiernan.
Poquísimos hombres aislados
rumian los derechos de los pueblos.

No puedo ocultarte el miedo.
Los asesinatos se embalan en ámbar
y el abrazo de la historia
se enterrará en los jardines del museo.

Sé que haces tiempo invernal
a la línea estéril en diferentes islas
y eso me da el derecho de hablarte
sobre la gran ensalada de la sociedad.
Me golpeo todos los días
con los sollozos de las matemáticas,
reemplazo en las ecuaciones la j
con el pálido menos cuatro,
que se retuerce como hombre
con manos atadas y piernas en el mármol.
Lanzo mis ojos a la ventana
y veo que te pierdes entre
el follaje asustado de la acacia

Pasa el que vende limones y palomas.
Doblo el cuerpo en la verja
del balcón para verlo.

LA BELLEZA DISPARA

Amada muchacha de Rúmeli,
hija del tendero del barrio,
eres amiga de los vientos que no siguieron
al otoño en su camino.

Ayer volaste con tus blancas alas
vueltas al sol
y te siguen helechos y madreselvas,
creando el pan que vendes cada mañana
en la calle Marcos Bótsaris
entre cavidades de nubes
y nostalgias.

Amadas palabras, amadas aves.
Nunca duermen los sentidos.
Era extranjero y me hospedaste en tu casa,
rastreador en la sede de las esperanzas.

Amada muchacha de Rúmeli
y vosotros, amigos míos, que buscáis una
    melodía
solitaria en árboles lejanos de la arboleda,

puesto que existe esta guerra,
puesto que la belleza dispara
¿cómo queréis que sobreviva?

PEQUEÑO PASTOR

Corazón mío, anémona, amada mía
tu dolor es cuchillo,
pero cuchillo que yo también sostengo.
Viniste otra vez y respiraron
como ciclámenes mis deseos.
Lleno de oscuridad, entre laberintos
de nostalgia, sobre las superficies
de un lirio de ventanas doradas,
me consumí
hasta que me cubrió la décima segunda pena.
Perplejo miro en el horizonte
las praderas plomizas del mar,
el sol que se pierde en un antiquísimo
cráter embarrado.
Bajo la lámpara del camino
a la misma distancia que la hipnosis
y la separación interminable,
mientras la ciudad duerme,
te besé y te perfumas en mí,
piloto de la cama erótica.
Los amigos de los colores no creerán
que te desnudé como el profundo testamento,

donde se extiende la túnica rosa
rítmicamente y acaricia el cincel corriente.
La lluvia se acrecienta en el verde bosque.
Me visitan cosas que no esperaba,
mi recuerdo pálido con el manto dignísimo.
Pasaríamos juntos cientos de años.
Los aleteos de los ángeles arrastraban
      mi caballo.
Desde entonces viajo sin querer en diferentes
      formas
de edades como anillo.
Recuerdo que entramos en un automóvil
y en una pendiente giré y me arrastré
a tus húmedos follajes
y tú comenzaste a navegar.
No tiene variedad el sueño de la siesta.
Me levanté y caminé hasta el patio contiguo
en donde una hermosa desnuda se peina y le
      pregunté
si volvía ella también, y en vigilia,
las hojas en el piano de la muerte.
Se volvió y se turbó, y como se levantó
y sacudió sus cabellos, cayó y anduvo
y se perdió una rojísima mariquita.
«Mariquita-quita-quita

ve a Karditsa
ve a traerme zapatos»
El vestido del tiempo se afea
en el desnudo pie delicado del recuerdo.
Además, debes saber el enamorado
es un pequeño pastor que expulsa multitud
de sentimientos a campos extranjeros.
El enamorado se conduce por un solo astro
que jamás ilumina todo el firmamento.

ESPEJOS DE PALABRA MELANCÓLICA
(1987)

EL PANADERO DE LAS MATEMÁTICAS

Una vez daba vueltas interminablemente
por los garitos de los estudiantes,
ahora no sé a qué categoría pertenezco
y cómo se divierten mis semejantes.

Soy un panadero de las matemáticas
tuesto ejercicios-tostadas
ejercicios con harina al 70 %
resuelvo problemas de pan francés
con sésamo-esperanzas
me muevo hace años
entre juventudes lanceras
y sobrevivo porque algunas alumnas
conservan la divina capacidad de no saber
gracias al inaguantable deber
del maestro, que mientras enseña
agoniza por ocultar su honda
admiración por los cuerpos
que se desarrollan llenos de explosivos.

SACO VACÍO

Llaman tres y cuatro veces a medianoche
y tú te llevas mi sueño y corres
con la chaqueta carmesí en tu hombro
a mí mismo en tu sobaco
como saco vacío.

ESPEJO VALIOSO

Lenta Luna eterna, escultura
móvil al aire libre, ¿cómo es
el Universo sin mis ojos?

Los objetos no tienen color
desde la osa de la ausencia
y cuando la Palabra se imprime en el papel
¿quién queda en el carro ígneo?

Quito el color y el contorno,
el tacto y la piel
¿de qué medida es la idea que queda
en mis manos inexistentes?

Diez elevado a menos cuarenta y tres
la singularidad se expande
se extiende la epidemia de la luz
conjeturas sobre las nubes rojas
de la radiación indiferenciada
fuerza electromagnética y débil
siguen unidas
quarks y electrones

monopolos magnéticos
colisiones y de nuevo desintegraciones
la temperatura hace caer
átomos, materia, condensaciones masivas
la tripulación de lo gigantesco
las galaxias...

Lenta Luna eterna,
la idea se construye
mayor
que el objeto.
Duermo, otros mundos despiertan
poderes extienden hilos
hace caer del camión
al camino de tierra pendiente
inmensas piedras,
nos aplastará.

Lenta Luna eterna,
sabemos poco,
compañera de la Tierra,
en el silencio germina el superficial
optimismo
sobre el futuro en jardines llenos
de estatuas de cerebros a caballo.

EN LOS BARECILLOS DE TESALÓNICA

3.
Hay un muerto sobre el mármol del bar
—No mires el alcohol multicolor
tendido en el vaso—
son las manos de los clientes que abrazan
el veneno y la superficie cristalina
que lo limita,

dedos enredados, nerviosos, indolentes,
terminaciones de moldes de alma herida.

4.
Hoy recorre los abrazos un rechoncho
tigre de ojos verdes que partió de
las rodillas de Xanthypo.
Ahora bebe el décimo chupito de vodka
quemando con su llama salvaje
los alojamientos de torpes deseos.
Tarde, dimos una vuelta al palacete real
Karaburnú.

Abrazados, desde arriba, veíamos el cedazo
de las luces de la ciudad que nadaban

en el mar tranquilo y regresamos
tiernamente encantados al bar.
No duró mucho, no hicimos una
papilla de desesperación que se hunde
en el estómago de la melancolía.
Mirábamos sin hablar la entrada
y las velas purpurísimas que ardían
sobre las mesas de mármol.

La noche pasa, no viene nadie.

Los «señores» llegan tarde,
sólo los fines de semana,
con sus grupos y sus «pieles».
Nosotros somos reexaminados
y rechazados,
ablandamos la soledad con falsos contactos
en el estrecho corredor, con amores de una
      noche,
con sonrisas-máscaras,
no vaya a haber investigaciones sobre cierto
amigo que nunca viene.

POEMAS 1972-2006

AFRODITA CON SANDALIA

«Hay trescientas y tantas estatuas
de Afrodita con sandalia,
hechas a partir de pocos originales antiguos
en los talleres de la hermosura
del primer siglo postcristiano»,
nos dijo el director del Arqueológico
de Tesalónica, rozando quizás
        indiferentemente
las nalgas de la diosa de mármol.
Nos miró a los ojos y continuó:
«Hay un problema, todos vemos
que se inclina, sin embargo ¿se pone
o se quita su sandalia?».

Bah, pensé, cada Afrodita
siempre se quita su sandalia y
la arroja indiferentemente a la corriente
        de los siglos,
La belleza se ofrece desnuda
y descalza y alegra a los inteligentes
con un scherzo audaz, sensual y estatuario
        de la espera.

NIKOLAS ARTAVASDOS, RAVDÁS

Soy Nikolas Artavasdos, Ravdás,
matemático griego de la región
oriental de Bizancio,
y os aseguro que existen
nueve órdenes de números.
Además, os expongo el problema
de la «gran esmeralda»,
que se resuelve con mi hallazgo
palamédico de los diez dedos.
Escuchadlo:

«Dos amigos, cantando por lo bajo, van juntos
una primavera al mercado de piedras
     preciosas.
—¡Qué esmeralda! ¡Cómo brilla, verde,
como fracción de colosal contable.
Díganos cuánto cuesta.
—Diez mil monedas de oro
porque tiene el color de la verdad.
Abren los dos velozmente
sus bolsas de dinero,
pero el dinero de los dos no alcanza.

—Amigo, dice uno, préstame el quinto
de tu dinero para añadirlo
al mío, así tendremos los dos el color
de la divinidad que todos quizás reverencian.
—Préstame tú la séptima parte de lo que
tienes y la compraré yo».

Ninguno prestó al otro y se quedaron
en el comerciante la esmeralda y su verdad,
como sucede siempre en nuestras sociedades.
Buen amigo de las matemáticas, ¿cuántas
monedas de oro tiene en su bolsa
cada uno?

ANUAL BORDADO DE DÍAS PASADOS

Es la última noche de las vacaciones
en mi ciudad natal, Réthimno.
Muy temprano he puesto mesa
a los años del pasado
que señalaron mi vida.

Veo barcos en el horizonte, resplandores
en el sombrero estrellado de la ecúmene,
viento fundidor baja frío
de las montañas, peina trepadores
frijoles en los melonares de Campo,
y sí, el abuelo vivió un día
a la manera de los hombres
que no tienen tiempo aunque su tiempo
sea infinito,
se sentaba bajo la morera del patio,
encendía su pipa de ámbar
recuerdo la Pascua que pasamos
junto a él en el hospital
el aire ahora es terral
arrastra mis pensamientos
el murmullo del pasado

me lleva a su tumba
después a la de madre
cuando perdió ya la razón
una puerta se abre tras de mí
Eleni con quien comparto el mundo.
—Ven adentro y ponte algo, cogerás frío.

PANGALOJORI, AL ALBA

Toda la noche trabaja el caldero del raki
Nosotros, la juventud embriagada, dormimos
cerca de los alcoholes
perseguida por mi sueño pasa
la Hermosa Helena
y va con su amor a Troya.

Antes de partir, casi gorjea
aquí con nuestros trabajadores
vuelve con gracia su trasero
y se mete en la brasa
con el sentido de cazo cafetero
mientras el Sol brilla soberbio
tras la casa del maestro.

Despertamos sedientos
contentos infinitamente
como si todos juntos gozáramos
del sueño que veía. Buscamos alrededor
a una real Helena cercana.

EL LOBO

Un lobo de sentimientos
bajó de las montañas
me quitó los zapatos
al lado de la fuente
una caña seca
en la que me apoyaba
durante todo el camino
la masticó
ahora aúlla
en la colina de enfrente
la noche avanza
yo viajero
sin bastón ni zapatos
pero también el lobo
solo en los densos bosques.

EN LOS SUEÑOS

No sé, ¿muero por la noche?
¿A dónde va mi vida?
¿Qué sueño veo?

Los hombres que amamos
no están en el cielo,
son fugitivos en nuestros sueños.

Se vuelven deseos innombrables,
miedos y dolores olvidados.

GRANDE, HAZ EL CABALLITO

Tarde del sábado,
no estoy en los bares pero pienso en ellos.

Un caballo de hierro de mil CC.
montado por su jinete conductor
hiende la calle Tsimiskis.

«Grande, haz el caballito, salta»,
murmura el anciano que está a mi lado
levantando triunfalmente
el yogur que compró
y arranca a dar una vuelta tranquila,
larguísima y local

ÍNDICE

ÍNDICE

POEMAS INÉDITOS
(2015-2022)

EJERCICIOS DE MATEMÁTICAS
(1980)

NAVEGACIONES ERÓTICAS
(1980)

ESPEJOS DE PALABRA MELANCÓLICA
(1987)

POEMAS 1972-2006

Títulos publicados en la colección
EL ÁRBOL DE LA LUZ
TO ΦΩΤΟΔΕΝΤΡΟ